Foto

Nome:

Razza:

Mantello:

Sesso:

Data di nascita:

Segni particolari:

**Commenti:

CONTATTI

PROPIETARIO

Nome:

Indirizzo:

Email:

Telefono:

VETERINARIO

Nome:

Indirizzo:

Email:

Telefono:

Altri:

INFO UTILI

INFO UTILI

VACCINAZIONI

Vaccino	Data	Marca	Firma	Richiamo

 # VACCINAZIONI 

Vaccino	Data	Marca	Firma	Richiamo

VACCINAZIONI

Vaccino	Data	Marca	Firma	Richiamo

VACCINAZIONI

Vaccino	Data	Marca	Firma	Richiamo

Vaccino	Data	Marca	Firma	Richiamo

VACCINAZIONI

Vaccino	Data	Marca	Firma	Richiamo

VACCINAZIONI

Vaccino	Data	Marca	Firma	Richiamo

VACCINAZIONI

Vaccino	Data	Marca	Firma	Richiamo

VACCINAZIONI

Vaccino	Data	Marca	Firma	Richiamo

VACCINAZIONI

Vaccino	Data	Marca	Firma	Richiamo

Vaccino	Data	Marca	Firma	Richiamo

VACCINAZIONI

Vaccino	Data	Marca	Firma	Richiamo

VACCINAZIONI

Vaccino	Data	Marca	Firma	Richiamo

VACCINAZIONI

Vaccino	Data	Marca	Firma	Richiamo

VACCINAZIONI

Vaccino	Data	Marca	Firma	Richiamo

VACCINAZIONI

Vaccino	Data	Marca	Firma	Richiamo

VACCINAZIONI

Vaccino	Data	Marca	Firma	Richiamo

VACCINAZIONI

Vaccino	Data	Marca	Firma	Richiamo

Vaccino	Data	Marca	Firma	Richiamo

VACCINAZIONI

Vaccino	Data	Marca	Firma	Richiamo

VACCINAZIONI

Vaccino	Data	Marca	Firma	Richiamo

VACCINAZIONI

Vaccino	Data	Marca	Firma	Richiamo

VACCINAZIONI

Vaccino	Data	Marca	Firma	Richiamo

VISITE MEDICHE

Data	Motivo	Trattamento	Commenti

VISITE MEDICHE

Data	Motivo	Trattamento	Commenti
Data	Motivo	Trattamento	Commenti

VISITE MEDICHE

Data	Motivo	Trattamento	Commenti

VISITE MEDICHE

Data	Motivo	Trattamento	Commenti

VISITE MEDICHE

Data	Motivo	Trattamento	Commenti

VISITE MEDICHE

Data	Motivo	Trattamento	Commenti

Data	Motivo	Trattamento	Commenti

VISITE MEDICHE

Data	Motivo	Trattamento	Commenti

VISITE MEDICHE

Data	Motivo	Trattamento	Commenti

VISITE MEDICHE

Data	Motivo	Trattamento	Commenti

VISITE MEDICHE

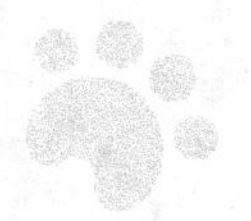 

Data	Motivo	Trattamento	Commenti
Data	Motivo	Trattamento	Commenti

Data	Motivo	Trattamento	Commenti

VISITE MEDICHE

Data	Motivo	Trattamento	Commenti

VISITE MEDICHE

Data	Motivo	Trattamento	Commenti

VISITE MEDICHE

Data	Motivo	Trattamento	Commenti

Data	Motivo	Trattamento	Commenti

VISITE MEDICHE

Data	Motivo	Trattamento	Commenti

VISITE MEDICHE

Data	Motivo	Trattamento	Commenti

Data	Motivo	Trattamento	Commenti

VISITE MEDICHE

Data	Motivo	Trattamento	Commenti

Data	Motivo	Trattamento	Commenti

VISITE MEDICHE

Data	Motivo	Trattamento	Commenti

VISITE MEDICHE

Data	Motivo	Trattamento	Commenti

Data	Motivo	Trattamento	Commenti

DIARIO

DIARIO

DIARIO

DIARIO

DIARIO

DIARIO

DIARIO

DIARIO

DIARIO

DIARIO

DIARIO

DIARIO

DIARIO

DIARIO

DIARIO

DIARIO

DIARIO

DIARIO

DIARIO

DIARIO

DIARIO

DIARIO

DIARIO

DIARIO

DIARIO

DIARIO

DIARIO

DIARIO

DIARIO

DIARIO